G. BONET-MAURY

LE

CARDINAL MAURY

D'aprés ses Mémoires et sa Correspondance inédits,

(1746-1817)

PARIS

ADMINISTRATION DES DEUX REVUES

111, BOULEVARD SAINT-GERMAIN, 111

1892

LE CARDINAL MAURY

Paris. — MAY & MOTTEROZ, L.-Imp. réunies

7, rue Saint-Benoît.

G. BONET-MAURY

LE

CARDINAL MAURY

D'après ses Mémoires et sa Correspondance inédits,

(1746 - 1817),

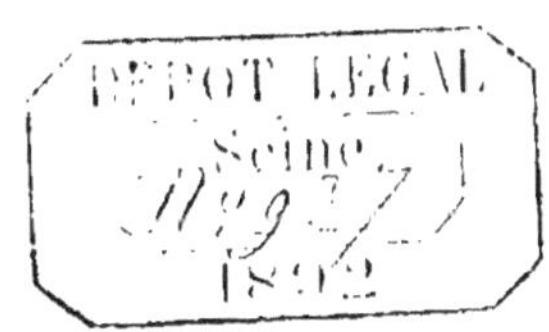

PARIS

ADMINISTRATION DES DEUX REVUES

111, BOULEVARD SAINT-GERMAIN, 111

1892

LE CARDINAL MAURY

D'APRÈS SES MÉMOIRES (1)

La publication des Mémoires tronqués de Talleyrand a porté, je le crains, au prestige de ce genre de composition historique une atteinte irréparable. C'est aux mémoires, en effet, que s'applique à juste titre l'adage : *Corruptio optimi pessima*. Quand ils sont sincères et authentiques, comme ceux de Saint-Simon et de Mme de Rémusat, rien de plus précieux pour corriger les flatteries des historiographes et faire revivre une époque avec vérité et justice. Mais, si l'auteur sort de son naturel et s'efforce de poser et de se grimer en vue de la postérité; que dis-je? si les éditeurs de ce portrait, peint par le héros même, se mêlent de le retoucher, de changer l'expression même du visage au gré de leur caprice — ou des convenances de leur parti politique — alors, c'en est fait de la confiance du lecteur et, tout d'un coup, son extrême curiosité ou sa sympathie se change en dédain ou en méfiance.

L'ouvrage, qui nous a fourni l'occasion de cette étude, ne mérite ni cet engouement, ni ces dédains

(1) *Correspondance diplomatique et Mémoires inédits du cardinal Maury*, par Mgr Ricard, professeur honoraire des Facultés d'Aix et de Marseille. — Lille, 1891. 2 vol. in-4°.

et, pour prévenir tout malentendu et toute déception, il faut d'abord déclarer que ce ne sont pas des Mémoires proprement dits, mais plutôt un recueil de lettres inédites du cardinal Maury, accompagnées de quelques notes et impressions du prélat sur les principaux événements, auxquels il fut mêlé de 1792 jusqu'à sa mort (1817). En fait de mémoires, nous n'y avons trouvé que des extraits de deux apologies *pro domo sua :* l'une publiée à Paris en 1814, sous ce titre : *Mémoire pour le cardinal Maury* à la suite de sa révocation comme archevêque de Paris par Louis XVIII ; et l'autre, intitulée : *Mémoires canoniques sur les Quatre articles du clergé de France et sur l'administration capitulaire.* Cette dernière, à laquelle il a travaillé jusqu'à son dernier soupir, était restée inédite.

Mais, une fois nos réserves faites sur ce point — ainsi que sur certains rapports ou *Memoranda* du cardinal, qui tirent en longueur — la lecture de ces deux volumes offre un réel intérêt, par la couleur locale et le relief que Maury sait donner aux tableaux qu'il retrace. Il nous fait assister tantôt aux conseils des émigrés à Coblence, tantôt à l'élection du dernier roi des Romains à Francfort, soit au Conclave de Venise, pour l'élection de Pie VII, soit aux manœuvres de Louis XVIII et des évêques légitimistes pour faire échouer les négociations du Concordat. De ces lettres écrites d'un style clair et naturel, toujours élégant, souvent spirituel, se dégage la figure d'un homme de beaucoup d'esprit et de talent, mais peu dévot et peu scrupuleux, plus politique que religieux, préoccupé de Rome plutôt que de la France et capable de tout sacrifier à son ambition personnelle. D'ailleurs, Mgr Ricard a accompagné ces lettres d'une sorte de commentaire historique, dont nous louerons la sobriété, mais pas toujours l'impartialité. Il les a fait précéder d'une notice sur la vie de l'abbé Maury, de 1746 à 1791, extraite du volume qu'il avait déjà publié en 1888 (1) et où il mettait le célèbre orateur catholique de la Constituante en parallèle avec Mirabeau. Dans l'Introduction, Mgr Ricard rappelle que le premier biographe du cardinal, son neveu Louis-Sifrein Maury, avait déjà utilisé cette correspondance pour la monographie qu'il a donnée en 1827. Il ajoute que, par des scrupules de conscience (une conscience bien cléricale, qui me paraît plus soucieuse de l'intérêt du parti que de la vérité), l'abbé Sifrein avait renoncé à la publier à cette époque, au moment de la campagne anti-gallicane entreprise par Lamennais. Mme la marquise de Billiotti, petite-nièce du cardinal par son mari, feu M. Billiotti, en son vivant député de Vaucluse, a cru le moment venu de mettre au jour ces papiers de famille, qui avaient dormi plus de soixante ans dans les archives du château de Beauregard et les a livrés à l'auteur. Mgr Ricard n'en est pas à son coup d'essai. Ancien professeur à la Faculté catholique d'Aix, il a déjà donné au public des études remarquables sur le comte de Montalembert et sur l'école Menaisienne.

Nous allons essayer, à notre tour, de retracer, d'après ces documents, un portrait du cardinal Maury. Et tout d'abord, pour nous retrouver au milieu de cette existence si active et si mouvementée, nous tâcherons d'en marquer les phases et pour ainsi dire les tournants de route. On sait la mésaventure qui arriva au cardinal Maury peu après sa nomination par l'empereur à l'archevêché de Paris. Comme il rendait visite à une noble dame du faubourg Saint-Germain qui avait été l'une des plus ferventes admiratrices de son talent oratoire à la Constituante, il remarqua, à une place d'honneur, son portrait peint par un maître. Charmé de cette attention, il en remerciait son hôtesse avec effusion quand

<hr>

(1) *L'abbé Maury : Maury avant 1789. — Maury et Mirabeau.* Paris, 1888, in-18.

celle-ci lui décocha ce trait : « Mais, Éminence, vous ne voyez donc pas que c'est votre portrait avant la Lettre ! »

Cette lettre n'était autre que celle qu'il avait adressée, le 1ᵉʳ août 1804, à Napoléon, pour adhérer au régime impérial et qui marque une date fatale dans son existence. La carrière politique de Maury, en effet, est comme coupée en deux par sa lettre à Napoléon. Mais pour comprendre cette évolution il faut remonter un peu plus haut, à l'époque qui précède son entrée dans les affaires publiques et qui en fut comme la préparation, je veux parler de sa carrière de prédicateur.

Ce n'était pas un homme ordinaire que ce fils d'un cordonnier de Valréas (Comtat-Venaissin) (1), venu à Paris sans ressources et sans protecteur, qui devint, à vingt ans, prédicateur du roi et, à trente-cinq ans, membre de l'Académie française. La nature lui avait fait largesse de ses dons les plus rares : une mémoire merveilleuse et une grande facilité d'assimilation, l'esprit de saillie et de réplique et, surtout, le tempérament et la verve oratoire, facultés qu'il avait encore affinées et développées par un travail opiniâtre. Ajoutez-y un caractère gai et serviable, de la vigueur, tempérée par l'entregent, une bonhomie qui n'était pas sans finesse, enfin un cœur, aussi fidèle que généreux, pour ses parents, ses amis, ses confrères malheureux. On comprendra qu'il sut bientôt se créer des relations et qu'il fit rapidement son chemin, à une époque où l'Église n'était pas fort scrupuleuse en matière de pureté de mœurs et d'abnégation pécuniaire, les deux parties faibles du jeune abbé.

Depuis 1772, jusqu'à son entrée aux États généraux, l'abbé Maury fut souvent appelé à prêcher dans les principales chaires de Paris ; il sut, sans répéter un seul de ses sermons, charmer ses auditeurs les plus diffi-

(1) Né en 1746

ciles et persuader même les plus prévenus contre la religion, ceux qui étaient imbus de l'esprit sceptique et railleur des Encyclopédistes. Mais, ces succès oratoires ne furent-ils pas obtenus au prix de bien des sacrifices de doctrine ? « Ne pouvant sanctifier la philosophie », dit-il dans son *Traité de l'éloquence de la chaire*, « les prédicateurs d'alors sécularisaient la religion ». Notre jeune prédicateur de cour céda à l'entraînement général et se montra fort peu orthodoxe dans son *Éloge de Fénelon* et dans ses *Discours choisis sur divers sujets de religion et littérature* (1778). En revanche, il ne s'interdisait pas, en chaire, les digressions sur le terrain de la politique et de l'économie sociale. C'est à la suite d'un de ces discours, remplis d'allusions aux questions du jour, que Louis XVI s'écria : *Si M. l'abbé Maury nous avait parlé un peu de religion, il nous aurait parlé de tout !*

Lui-même eut plus tard conscience de ces défaillances, lorsque, malgré les supplications de son neveu Louis-Sifrein, il jeta au feu ses cahiers de sermons en disant : « Tu ne sais pas ce qu'était la cabale philosophique avec laquelle il nous fallait compter. On venait à nos sermons comme à un spectacle profane... il semblait que nous devions nous dégrader, et comme apôtres et comme orateurs, pour plaire à la multitude... Malheureux que nous étions ! nous en étions venus au point de ne plus oser prononcer le nom de Notre-Seigneur Jésus-Christ ! » Première et déplorable faiblesse de l'auteur qui, hélas ! ne devait pas être la dernière.

Mais, disons de suite à l'honneur de l'abbé Maury, que plusieurs de ses discours échappent à ce reproche et méritent à juste titre les suffrages qu'ils ont remportés. Maury était orateur dans l'âme : l'*Éloge de saint Louis* (1772), le *Panégyrique de saint Augustin* (1775), et surtout celui de *saint Vincent de Paule* (1789), sont autant de chefs-d'œuvre qui marquent les progrès de son éloquence. Nul n'était mieux qualifié que lui pour commenter les discours de nos grands prédicateurs, dans son *Essai sur l'éloquence de la chaire*. Ses propres oraisons sont les meilleurs exemples à fournir à l'appui des règles qu'il donne aux jeunes prédicateurs.

La convocation des États généraux et l'ouverture de l'Assemblée constituante allaient offrir au talent de l'abbé Maury un théâtre nouveau et plus retentissant. Son prieuré de Lihons-en-Santerre lui offrait d'ailleurs une occasion légitime d'y paraître : jouissant déjà d'une grande réputation, il fut élu l'un des premiers député par le clergé du bailliage de Péronne (Picardie), et ce fut lui-même qui dicta en grande partie le *Cahier des doléances* de son État. Mais, si l'abbé Maury y acceptait un certain nombre de réformes nécessaires, il se refusa à toute modification dans la forme du gouvernement monarchique, qui l'eût rapproché de la Constitution anglaise. Il dédaigna donc la place toute marquée qui l'attendait dans les rangs des évêques qui avaient adhéré aux projets de Necker — et, lui, enfant de la démocratie, il se rallia au parti des aristocrates, qui demandaient le maintien pur et simple des privilèges et qui combattaient systématiquement toute réforme. Dans ce rôle, il déploya une souplesse, une facilité brillante et soutenue, une érudition, une audace dignes d'une meilleure cause. Il parla sur tout et à toute occasion, contre la confiscation des biens du clergé et sur la circulation des grains, sur la question du *Veto royal* et contre la constitution civile du clergé. Et sur chaque sujet, il eut le talent de parler, sinon avec une conviction communicative, du moins avec une certaine compétence, une verve endiablée et un aplomb imperturbable. Dans la séance du 9 novembre 1789, il bouscula le duc de la Rochefoucault pour s'emparer de la tribune et y défendre les propriétés ecclésiastiques. C'est au milieu de cette séance orageuse qu'une jeune femme des tribunes s'écria: « Messieurs du clergé, on veut vous raser; prenez garde, si vous vous remuez tant, vous allez vous faire couper! »

L'abbé Maury ne se faisait d'ailleurs pas d'illusion sur le succès de ses efforts; témoin cet aveu recueilli par son ami Marmontel dans ses Mémoires (1): « J'ai observé les deux partis, disait l'élu de Péronne en mai 1789, et ma résolution est prise de mourir sur la brèche. Mais je n'en ai pas moins la certitude que nos adversaires prendront la place d'assaut et qu'elle sera mise au pillage! » Cette déclaration intime me paraît une réponse suffisante au reproche de vénalité qui lui a été adressé et qui a été repris avec trop d'empressement par certains écrivains, même catholiques (2). L'abbé Maury avait alors une situation de fortune florissante, grâce aux deux bénéfices dont il était pourvu: l'abbaye de La Frenade et le prieuré de Lihons-en-Santerre, qui lui rapportaient 40 000 livres de rente; il était tellement au-dessus des besoins, comme des tentatives de corruption, qu'il donnait 25 000 livres par an à sa famille et fut toujours généreux pour ses collègues et amis déshérités. Enfin, Mallet-du-Pan affirme que Maury refusa 100 000 francs offerts par les Mirabeau à condition qu'il s'engageât à ne parler ni des assignats, ni sur les finances, ni sur le pouvoir exécutif. D'ailleurs, ses convictions, monarchiques et catholiques, étaient trop enracinées, pour être à la merci d'une offre d'argent.

Quel fut donc le mobile de l'attitude de Maury à l'Assemblée constituante? Je crois que c'était tout sim-

---

(1) Tome IV, liv. xiv, p. 85.

(2) L'abbé de Montgaillard, entre autres, prétend que Maury était inscrit pour 250 000 livres sur la *Liste des pensions secrètes assignées sur le trésor public*, en récompense de certains discours ou pamphlets dirigés contre les projets de l'Assemblée constituante.

plement le désir de maintenir un état de choses qui lui paraissait très avantageux pour son ordre et pour lui-même. Comme bien des fois, plus tard, il fit passer les intérêts et les privilèges de son parti, du clergé qui l'avait élu, avant les intérêts généraux de la France. Le sentiment de la patrie française a toujours été très faible chez lui : natif du Comtat-Venaissin, il se considérait avant tout comme sujet du Pape et veillait d'abord aux prérogatives du Saint-Siège (1).

Il était, d'ailleurs, plus sensible aux honneurs qu'aux écus, et la vraie récompense des services éclatants, mais inutiles, qu'il avait rendus à la cause du trône et de l'autel, il la reçut quand, forcé de quitter la France où l'on avait plusieurs fois attenté à sa vie, il se réfugia en Allemagne, puis à Rome. A Coblence (30 octobre 1791), il eut à passer entre une haie de six cents gentilshommes de la première noblesse de France, qui l'accueillirent par des applaudissements et à Francfort-sur-le-Mein, il assista, comme archevêque de Nicée et nonce du pape, à l'élection, puis au couronnement du roi des Romains, François II d'Autriche, en compagnie des ambassadeurs de tous les souverains de l'Europe (avril-juillet 1792).

Pendant cette seconde phase de sa carrière, Maury a constamment combattu le gouvernement parlementaire, dans l'Église, comme dans l'État, au nom du principe de la monarchie absolue. « Voyez, dit-il à l'Électeur de Trèves, un prince de l'Église, où toutes ces belles libertés ont conduit le clergé de France ! Que serions-nous devenus, si nous n'avions pas recouru à la décision suprême du Pape, pour mettre à couvert nos droits, après avoir fait une guerre absurde au

(1) C'est ainsi que, dans la séance du 24 mai 1791, il s'éleva contre la réunion du comtat d'Avignon à la France, comme étant la propriété inaliénable du Pape.

Saint-Siège, pendant cinq cents ans? On connaît mal, en Allemagne, ces *fatales libertés de l'Église gallicane.* » Conséquent avec ce principe de la suprématie absolue du Pape, Maury conseilla en toute circonstance aux prélats et prêtres français la résistance au gouvernement républicain, et ne craignit pas de combattre même le sage M. Emery, supérieur de Saint-Sulpice, sur la question du serment à prêter à l'État.

Pie VI ne pouvait moins faire que de récompenser un si beau zèle par le chapeau rouge : l'archevêque (*in partibus*) de Nicée fut nommé évêque de Montefiascone et Corneto et cardinal de la Trinité du Mont (21 février 1794). Pendant les dix ans qui suivirent, tout en s'acquittant avec soin de ses fonctions épiscopales, Maury fut accrédité par le roi Louis XVIII, réfugié à Mittau, comme son représentant auprès du Saint-Siège, il entretint avec lui une correspondance active, dont les pièces, jusque-là inédites, forment la partie la plus intéressante de la publication de Mgr Ricard, et prit part à toutes les délibérations du collège des cardinaux. Il assista, entre autres, au conclave de Venise, qui, après des intrigues et des tiraillements interminables, finit par aboutir à l'élection de Chiaramonti, sous le titre de Pie VII.

Le nouveau pape était un prêtre austère et pieux, très pénétré des droits de l'Église romaine, mais aussi convaincu de la nécessité de la mettre en harmonie avec les besoins de la société nouvelle. C'est lui qui, étant évêque d'Imola, avait, dans une homélie de Noël, recommandé à ses ouailles la soumission au gouvernement de la République Cisalpine, dont la forme démocratique, à son avis, n'avait rien de contraire à la doctrine des évangiles. Et, pour confirmer cet accord du christianisme avec la démocratie, Chiaramonti avait cité le célèbre passage que Rousseau met dans la bouche du vicaire savoyard : « Je vous avoue que la majesté des Écritures m'étonne, que la sainteté de l'Évangile est un argument qui parle à mon cœur... Se peut-il qu'un livre à la fois si sublime et si simple soit l'ouvrage des hommes? » Et le bon évêque avait conclu par ces paroles : « Oui, mes chers frères, soyez tous chrétiens et vous serez d'excellents démocrates. »

Avec beaucoup de sagacité, Pie VII comprit le parti que Rome pouvait tirer du prestige et de l'autorité croissante du premier consul et accueillit favorablement les premières ouvertures de Bonaparte, au sujet d'un concordat pour le rétablissement de l'Église catholique en France, résolu à sacrifier les droits du roi légitime, si l'intérêt de l'Église l'exigeait. Le cardinal Maury, au contraire, persista dans son attitude intransigeante vis-à-vis du nouveau régime, sorti de la Révolution française, et encouragea les prélats français, émigrés, à résister, par toutes les voies légales, aux mesures prescrites par le bref pontifical du 15 août 1801 relatif au Concordat. Cette hostilité systématique ne s'explique pas seulement, par l'attachement de Maury au parti royaliste, mais par la fausse appréciation de la réelle valeur politique de Napoléon. En voici quelques échantillons bien curieux tirés de ses lettres à Louis XVIII : « Les intrigues de Bonaparte m'inspirent plus de crainte au dehors qu'à l'intérieur. Si le général n'est pas fou, il doit songer à ouvrir les avenues du trône à Votre Majesté. Il nous sert sans le vouloir, en concentrant le pouvoir et la tyrannie sur une seule tête. Je crois qu'avant la fin de l'année (1801), Bonaparte sera mort physiquement ou politiquement. *Amen.*» Enfin, en 1802, il écrivait ces paroles, auxquelles il devait peu après donner un piteux démenti : « J'affirme qu'on ne parviendra jamais à rallier le corps des évêques de France à la souveraineté très probablement éphémère de Bonaparte. »

Cependant, le Concordat était signé, la paix conclue
entre le pape et la république française; le cardinal
Maury se sentait de plus en plus isolé et suspect, on
l'avait tenu soigneusement à l'écart de toutes les délibérations du sacré collège relatives au Concordat et
même, sur les instances de Talleyrand, notre ministre
des affaires étrangères, Pie VII lui avait interdit le sé-
jour de Rome et l'avait relégué dans sa petite ville de
Montefiascone. Cette nature exubérante et dévorée de
la passion des grandes affaires ou des luttes oratoires
se consumait d'ennui dans ce coin de la Romagne. La
cause de la monarchie était perdue. Le démon de
l'ambition se présenta au cardinal, sous la forme d'un
compliment de jour de l'an à écrire au premier consul.

On trouve, dans une lettre du cardinal à son neveu,
datée de Montefiascone, 1803 (15 juin), le premier
indice de la volte-face qu'il s'apprêtait à faire : « J'ai
su, disait-il, que le cardinal Fesch doit passer mer-
credi prochain 22 du courant. Jaloux de profiter d'une
occasion favorable de sortir de mon lazaret, sans
heurter mes principes, las de me tenir seul à l'écart,
je suis tenté de lui écrire de Sienne pour l'inviter à se
reposer chez moi. » Et un peu plus loin : « Des poli-
tesses ne sont point une apostasie ! » Mais l'oncle de
Bonaparte, qui se rendait à Rome comme ambassadeur de France, évita à dessein de passer par la rési-
dence de Maury. L'occasion était manquée. Il s'en présenta une nouvelle, quand le pape enjoignit à tous les
cardinaux d'écrire une lettre de félicitations au premier
consul, à l'occasion des bonnes fêtes (Noël). Il faut
lire en entier la lettre que Maury adressa à Louis XVIII
pour s'excuser de « boire ce calice »: c'est un chef-
d'œuvre d'adulation; il va jusqu'à demander au roi
des ordres à ce sujet. Louis XVIII lui répondit, en
homme d'esprit : « Le roi voit avec une peine bien
vive la position personnelle du cardinal Maury. Il fau-

drait être sur les lieux pour juger des sacrifices que l'unanimité du Sacré-Collège peut lui imposer. Ce qu'il y a de sûr, c'est que le Roi n'en sera pas plus scandalisé, qu'il ne le fut jadis de lui voir porter un ruban tricolore (1). » S'il n'avait écrit que la lettre de compliments du 1er décembre 1803, passe encore, on pourrait n'y voir qu'une de ces banales courbettes dont les diplomates sont prodigues. Mais, l'épître qu'il écrivit à Napoléon le 1er août 1804 renferme une adhésion entière et sans réserve au régime impérial : « Sire, y disait-il, c'est par sentiment autant que par devoir que je me réunis loyalement à tous les membres du Sacré-Collège. Le salut public doit être, dans tous les temps, la suprême loi des esprits raisonnables. Je suis Français, sire, je veux l'être toujours. J'ai constamment professé que le gouvernement de la France était essentiellement monarchique... Nul Français n'a donc, plus que moi, le droit d'applaudir au rétablissement du trône héréditaire dans ma patrie et je suis conséquent à ma doctrine, en déposant aux pieds de Votre Majesté Impériale l'hommage de mon adhésion pleine et entière au vœu national, qui vient de l'appeler à la suprême puissance. »

Napoléon comprit l'importance de la recrue que venait de faire l'empire et lui répondit de Mayence, le 1er vendémiaire an XIII : « Je ne doute pas de la sincérité de vos félicitations et vous pouvez être assuré de l'intérêt que je prendrai dans tous les temps à votre satisfaction, et de l'estime particulière que j'ai pour vous. » Puis, il fit insérer la lettre du cardinal Maury au *Moniteur*, comme un bulletin de victoire. L'effet produit en Europe fut immense : les royalistes étaient

(1) L'abbé Maury avait, en effet, reçu l'ordre d'assister à la fête de la Fédération (1790), et à cette occasion la reine Marie-Antoinette elle-même lui avait envoyé une cocarde tricolore.

stupéfaits et se refusaient à croire à une telle défection ; les partisans du nouveau régime au contraire, Portalis, le cardinal Du Bellay, archevêque de Paris, Talleyrand lui-même le pressèrent de venir à Paris. Maury, quelque désireux qu'il fût de revoir la capitale, où il avait laissé beaucoup d'amis, ne se pressa pas de partir ; il ne quitta Montefiascone que le 12 mai 1806. Au cours de son voyage à Turin, à Lyon, il fut l'objet de quelques ovations qui le consolèrent des lettres de reproche qui pleuvaient, et on lui fit à Paris un accueil princier. « J'ai été magnifiquement reçu de la Cour et du public, écrit-il le 31 mai de cette année ; j'espère que mon voyage remplira mes espérances ! » En effet, quelques mois après, il était nommé premier aumônier du prince Jérôme Bonaparte, avec 12 000 francs de traitement ; peu après 23 octobre 1806), il était réélu membre de l'Académie française, dont il avait été éliminé en 1803.

Le 6 mai 1807, il était reçu dans la nouvelle salle du Palais-Mazarin (la salle actuelle de l'Institut, et prononçait l'éloge de l'abbé Radonvilliers. Il faut relever dans ce discours un tableau de l'éducation par les Jésuites, pour laquelle le cardinal avait une vive admiration, et une grande tirade en l'honneur du génie militaire de Napoléon, où il eut pourtant le courage d'introduire une exhortation à devenir le « héros de la paix ». Il ne manqua pas d'ailleurs une seule occasion de venir, à la tête du clergé de Paris, féliciter Napoléon de ses victoires ; il les célébra dans des mandements qu'on appelait les *Bulletins de l'archevêque*, et où il atteint le comble de la flagornerie.

Dès lors, c'en fut fait de l'indépendance et de la dignité morale du cardinal Maury et l'on put prévoir que l'homme, qui avait sacrifié ses opinions légitimistes à son ambition, ne reculerait pas devant les plus graves capitulations de conscience.

On sait le conflit qui survint entre le Pape et l'empereur, et comment Napoléon fit saisir Pie VII et le fit transporter à Savone, puis à Fontainebleau, où il était gardé à vue. Non seulement Maury n'eut garde de protester — comme il aurait dû faire en qualité de cardinal — mais il se rangea ouvertement du côté du plus fort. Et lorsque le Pape eut refusé l'institution canonique aux évêques nommés par l'empereur, ce fut lui qui suggéra à Napoléon une procédure qui permit de se passer du concours du Pape pour administrer les diocèses vacants. C'est ce qu'on appelle l'administration capitulaire. On sait, en effet, qu'autrefois les chapitres de tout siège épiscopal avaient le droit de nommer un vicaire, souvent l'un d'entre eux, pour gouverner pendant la vacance de l'évêché. Ce système avait fonctionné en France de 1682 à 1693, à la suite des difficultés que les quatre articles de l'Église gallicane avaient soulevées à Rome. Mais était-ce bien à Maury, le grand et récent pourfendeur des libertés gallicanes, à en réclamer la mise en vigueur? Était-ce bien à lui, l'un des cardinaux favoris de Pie VII, à accepter la direction de l'archevêché de Paris (1809), pendant que son chef et bienfaiteur languissait en captivité?

Le cardinal Fesch, lui, avait montré plus de souci des principes catholiques. Comme son tyrannique neveu le pressait d'administrer l'archevêché de Paris, auquel il avait été nommé, il lui répondit qu'il ne pouvait le faire sans avoir reçu du pape l'institution canonique.

— Je saurai bien vous y forcer, répliqua Bonaparte.

Alors Fesch, tout ému, se serait écrié :

— Sire, *potius mori!*

— Ah! plutôt Maury. Eh bien! vous l'aurez.

Et, le prenant au mot, l'empereur désigna pour ce poste notre ambitieux cardinal.

Ce dernier notifia aussitôt sa nomination à Pie VII, en l'informant du fait accompli et exprimant seulement un vague désir de recevoir l'institution canonique (16 octobre 1810). Le Pape lui répondit par un bref daté du 5 novembre, et où il fulmina contre le cardinal insoumis :

Est-ce ainsi qu'après avoir si courageusement et si éloquemment plaidé la cause de l'Église dans les temps les plus orageux de la Révolution française, vous abandonnez cette même Église, aujourd'hui que vous êtes comblé de ses dignités et de ses bienfaits? Vous ne rougissez pas de prendre parti contre nous dans un procès que nous ne soutenons que pour défendre la dignité de l'Église!... Et, ce qui nous afflige le plus, c'est de voir, qu'après avoir mendié près d'un chapitre l'administration d'un archevêché, vous vous soyez, sans nous consulter, chargé du gouvernement d'une autre église, bien loin d'imiter le bel exemple du cardinal Joseph Fesch. Quittez donc sur-le-champ cette administration !

L'archevêque nommé se garda de donner sa démission, il administra le diocèse de Paris de 1809 à 1814. Il le fit d'ailleurs avec un zèle et une compétence incontestables : visitant les séminaires et les hôpitaux, prêchant les jours de fête et s'occupant sérieusement du rétablissement de la Sorbonne, afin d'améliorer l'instruction théologique du clergé. Mais toutes ces œuvres utiles étaient comme infectées d'un vice secret : la désobéissance au souverain pontife. Le cardinal Maury a prétendu n'avoir jamais reçu officiellement le bref catégorique de Pie VII. C'est possible, étant donnés les procédés du premier empire, qui avait à la poste son cabinet noir, où l'on interceptait les lettres suspectes. Mais il n'a pu ignorer la désapprobation formelle du Pape, et, partant, en continuant quand même ses fonctions, il encourait les peines canoniques les plus graves au point de vue de la discipline romaine. Le châtiment, d'ailleurs, ne se fit pas attendre longtemps.

Un matin d'avril 1814, comme le cardinal Maury était au lit, à l'archevêché, un jeune auditeur au Conseil d'État, violant la consigne, pénétra dans sa chambre et lui demanda les clefs de Notre-Dame.

— Mais que prétendez-vous faire ? demanda l'archevêque à M. Brière de Lesmont.

— « Les Alliés sont aux portes de Paris, répondit le jeune auditeur ; le maréchal Moncey va être forcé de capituler devant des forces écrasantes ; il faut au moins cacher les drapeaux suspendus dans la cathédrale et dérober au vainqueur ces trophées de nos victoires ! »

Maury, très ému, se leva alors, très sommairement vêtu à la mode italienne, et se rendit à son secrétaire pour remettre les clefs qu'on lui demandait.

Cette démarche fut le prélude d'une série de catastrophes personnelles : le 5 avril, on publiait le bref pontifical du 5 novembre 1810, et le chapitre de Notre-Dame était mis en demeure de retirer à l'archevêque sa délégation de vicaire capitulaire ; le 9 avril, le chapitre révoquait les pouvoirs de l'administrateur du diocèse de Paris ; le 18 avril et le 11 mai, il recevait du chevalier Anglès, commissaire du roi à la police, l'ordre de quitter Paris, pour se rendre à son évêché de Montefiascone ; et enfin, le 19 juin, il trouvait à Viterbe un *motu proprio* de Pie VII, qui « pour des causes très graves le suspendait de tout exercice de juridiction épiscopale dans ses églises et diocèses, ainsi que de l'administration des biens et revenus qui y appartiennent ».

Le cardinal Maury, ayant sans nul doute conscience de ses torts, garda le silence, tout en préparant un Mémoire justificatif, et vécut à Rome dans la retraite,

ne voyant que ses neveux et nièces et quelques rares
amis. Mais l'expiation n'était pas achevée et un dernier châtiment lui était réservé.

Pendant les Cent-Jours, les Napolitains commandés
par Murat ayant envahi les États pontificaux, Pie VII
se retira à Gênes, laissant à Rome une « junte d'État »,
présidée par le cardinal La Somaglia et composée de
six prélats. Maury eut le tort de ne pas suivre le pape
dans sa retraite; en restant à Rome, il paraissait
attendre le retour des Français et devenait suspect.
Aussi, dans la nuit du 12 mai 1815, sans un ordre for-
mel du pape, la junte fit arrêter le cardinal et le fit con-
duire sous bonne escorte au château Saint-Ange. Par
une amère dérision on lui assigna la cellule où avait
été enfermé le charlatan Cagliostro et où il n'y avait
même pas un grabat. La prison était d'ailleurs humide
et malsaine. Maury, âgé de soixante-neuf ans, y lan-
guit pendant trois mois et quatorze jours. Quand le
cardinal Consalvi, qui avait conservé pour lui de l'ami-
tié, fut de retour à Rome du congrès de Vienne et ap-
prit la détention arbitraire dont son collègue avait été
victime, il en fut indigné et, en qualité de secrétaire
d'État, ordonna son transfert immédiat au couvent de
Saint-Sylvestre, dans le quartier le plus salubre de
Rome. D'autre part, avec un ingénieux dévouement,
Consalvi frayait les voies à une réconciliation de son
ami avec le pape. Maury ayant donné sa démission
libre et spontanée de l'évêché de Montefiascone, Pie VII
lui fit grâce et lui rendit ses fonctions dans le collège
des cardinaux, avec une dotation de 40 000 écus romains (fin août 1815).

Mais il était bien tard : le cardinal septuagénaire
avait contracté dans sa prison une sorte de lèpre, com-
pliquée de scorbut, et en outre il était brisé par tant
de coups de la fortune. Lui qui aux jours de sa gran-
deur avait reçu les visites et les flatteries de tant de

solliciteurs, il se trouva à Rome presque abandonné. A peine s'il reçut la visite de quelques jeunes prêtres, entre lesquels nous nous plaisons à citer l'abbé Martin de Noirlieu, qui fut plus tard curé de Saint-Louis-d'Antin et l'un des promoteurs de la traduction de la Bible (inter-confessionnelle). Il partageait son temps entre la révision de ses œuvres, entre autres de ses *Opinions et Discours à la Constituante*, et l'achèvement de son grand ouvrage sur *les Quatre articles du Clergé de France en 1682*, qui dans sa pensée devait faire l'apologie de sa conduite en 1814 et qui est resté inédit.

Il faut savoir gré à Mgr Ricard de nous en avoir donné l'avant-propos, qui en marque bien le plan et l'esprit. C'était un essai de réhabilitation des anciens usages de l'Église gallicane en matière d'administration des évêchés vacants. S'il eût paru, l'auteur aurait été de suite frappé de démenti par ses anciens amis politiques, devenus ses adversaires, et qui se souvenaient que l'abbé Maury avait porté les premiers coups aux libertés gallicanes !

Nous aimons mieux recueillir une belle pensée du cardinal s'entretenant avec deux amis dans une promenade au Colisée : « Voyez combien de temps il faut pour former un homme ! Notre vie n'est presque qu'une enfance prolongée, et dès que notre éducation se termine, quand nous pourrions être quelque chose, la mort arrive tout à coup ! » En effet, la mort n'était pas loin.

Le scorbut le rongeait lentement et finit par l'emporter le dimanche 11 mai 1817. Jean-Sifrein Maury mourut en bon catholique, il expira dans les bras de son neveu Louis-Sifrein, après avoir écrit la veille encore une lettre affectueuse à son frère, demeuré à Valréas. Le cardinal Consalvi lui resta fidèle jusqu'après sa mort et fit les plus grands efforts pour lui faire donner la sépulture, à laquelle il avait droit, à l'église de la Trinité-du-Mont, qui relevait du gouvernement français.

Mais la rancune de Louis XVIII fut impitoyable, et pendant trente-huit jours le cercueil de l'éloquent défenseur du trône et de l'autel à la Constituante attendit en vain la place qui lui était due. Pie VII, ne pouvant vaincre l'opposition de l'ambassadeur de France, fit inhumer la dépouille mortelle de Maury dans l'église Santa-Maria-in-Vallicelli, auprès du tombeau de Baronius.

Ainsi mourut cet homme, parti des derniers rangs du peuple et qui, sans ressources et sans protecteurs, s'était élevé par le moyen de ses mérites personnels, d'un travail opiniâtre et d'une vraie éloquence, au premier grade de la hiérarchie catholique et aux plus grands honneurs politiques.

Il était issu d'une famille protestante du Vivarais, dont plusieurs membres, ardents calvinistes, avaient pris part à la guerre des Camisards plutôt que d'abjurer leur foi. L'un d'eux, même, Jean-Louis Maury, pris les armes à la main, avait été pendu en 1704, à Franchessin, par ordre de M. Jullien, lieutenant du roi (1). Mais Jean-Sifrein Maury n'avait pas hérité de ses ancêtres huguenots le courage moral et, comme l'a remarqué spirituellement Sainte-Beuve, « menacé plus tard de la lanterne, il eut plus d'une fois l'occasion de songer à ce pendu, qu'il n'était pas jaloux d'imiter ».

Il nous semble que, pour la gloire du cardinal Maury, il aurait mieux valu périr sous les coups d'un septembriseur ou sous les balles d'un soldat de Bonaparte que de finir comme il a fait, déconsidéré par sa soumission servile à l'empereur, exilé de France, presque solitaire à Rome et renié de tous ses anciens

____

(1) *Bulletin du protestantisme français*, tome I, page 319. Note de de M. Alfred Maury.

amis. Sa destinée ne prouve-t-elle pas que pour assurer la renommée d'un homme il ne suffit pas des dons les plus brillants du génie, mais qu'il y faut encore la droiture du caractère et la conséquence avec ses principes et que, suivant le mot si vrai de Cicéron, pour être vraiment éloquent, l'orateur doit être doublé d'un honnête homme!

L.-Imp. réunies 5, rue Saint-Benoît.

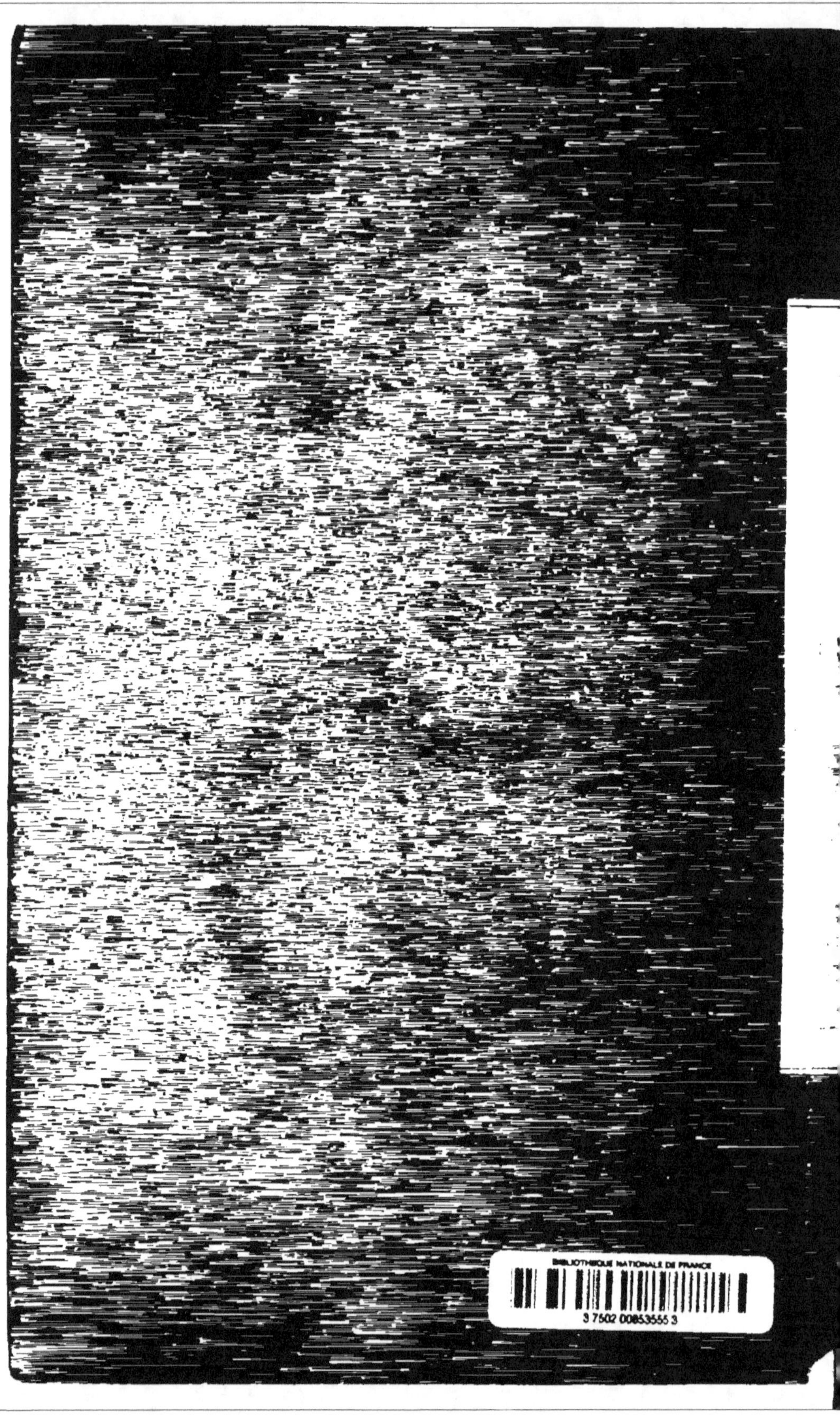